守望成长

近视综合防控

（中学）

中国教育科学研究院
体育卫生艺术教育研究所
组织编写

教育科学出版社
·北京·

出 版 人　李　东
项目统筹　刘　婧
责任编辑　何　威
责任美编　王　辉
责任校对　白　媛
责任印制　叶小峰
图书策划　殷梦昆　刘志刚
书籍设计　黄晓飞　刘枝忠
插图设计　黄晓飞

图书在版编目（CIP）数据

近视综合防控 . 中学 / 中国教育科学研究院体育卫生艺
术教育研究所组织编写 . — 北京 : 教育科学出版社 , 2021.9
ISBN 978-7-5191-2709-1

I. ①近…　II. ①中…　III. ①近视 — 预防（卫生）—
中学 — 教材　IV. ① G479.2

中国版本图书馆 CIP 数据核字 (2021) 第 157597 号

近视综合防控（中学）
JINSHI ZONGHE FANGKONG

出 版 发 行	教育科学出版社				
社　　　址	北京·朝阳区安慧北里安园甲 9 号		邮　　编	100101	
总编室电话	010-64981290		编辑部电话	010-64981157	
出版部电话	010-64989487		市场部电话	010-64989009	
传　　真	010-64891796		网　　址	http://www.esph.com.cn	
经　　销	各地新华书店				
制　　作	芥子设计公司				
印　　刷	北京联合互通彩色印刷有限公司				
开　　本	787 毫米 × 1092 毫米　1/16		版　　次	2021 年 12 月第 1 版	
印　　张	5		印　　次	2021 年 12 月第 1 次印刷	
字　　数	75 千		定　　价	19.00 元	

图书出现印装质量问题，本社负责调换。

前　言

眼睛是我们的"五官之首，心灵之窗"，是人类最重要的感觉器官，因此人们常说"要像爱生命一样爱护眼睛"。视力健康是身体健康的重要组成部分，是世界卫生组织提出的十条健康标准之一。当今，随着社会的发展，科技的进步，生活节奏的加快，学习、工作竞争的日益激烈，孩子从幼儿时期开始就背负着沉重的学习负担，娱乐方式也以看电视、玩手机为主。这些高强度的近距离用眼活动，时刻都在透支孩子的视力健康，导致其视力健康状况堪忧。

国家卫生健康委员会2018年公布的数据显示，我国儿童青少年总体近视率为53.6%。其中，6岁儿童近视率为14.5%，小学生为36.0%，初中生为71.6%，高中生为81.0%。而且高中三年级学生高度近视人数占近视总人数的21.9%。近视一旦产生就不可逆转，当今医学对于近视尚无科学、有效的治疗方法。近视不仅会给儿童青少年的学习与生活带来诸多不便，还会造成记忆力下降、学习兴趣减退、学习效率降低等问题，影响将来的升学和择业。如果发展成为高度近视，还可能因并发症而致盲。

2018年8月，习近平总书记连续做出重要指示与批示。他指出，我国学生近视呈现高发、低龄化趋势，严重影响孩子们的身心健康，这是一个关系国家和民族未来的大问题，必须高度重视，不能任其发展。习近平指示有关方面，要结合深化教育改革，拿出有效的综合防治方案，并督促各地区、各有关部门抓好落实。他强调，全社会都要行动起来，共同呵护好孩子的眼睛，让他们拥有一个光明的未来。

为贯彻落实习近平总书记关于儿童青少年近视问题的重要指示精神，教育部等八部门联合印发了《综合防控儿童青少年近视实施方案》，儿童青少年近视防控工作自此上升为国家战略。

儿童青少年时期是眼屈光发育的敏感期，绝大部分近视都是在这个时期发生、发展的。因此，中国教育科学研究院体育卫生艺术教育研究所组织专家在总结十多年科研实践成果与工作经验的基础上编写了本册《近视综合防控（中学）》，旨在帮助中学生及其家长树立正确的视力健康管理理念，走出"无病即健康"的防控认识误区，掌握维护视力健康的基本知识与技能，实现不近视（让视力健康的儿童青少年远离近视）、迟近视（对已有近视趋势的儿童青少年采取主动干预措施，推迟其发生近视的年龄）、慢近视（对已发生近视的儿童青少年采取科学干预措施，将其近视年递增度控制在0.3D以内）、低近视（阻止儿童青少年发展成为高度近视，避免相关并发症对其造成不可逆的视力损害）的防控目标，让他们拥有一个光明的未来。

目 录

第一章 认识我们的眼睛

第二章 近视的产生与危害

第三章　常见的认知误区

第四章　学生近视的预防与控制

第五章　爱眼小贴士

附　录

第一章

认识我们的眼睛

一、眼睛的结构

眼睛是人体最重要的感觉器官之一，被喻为"心灵的窗户"，具有特殊的结构与功能。人类所感受的外界信息，有80%以上来自视觉。

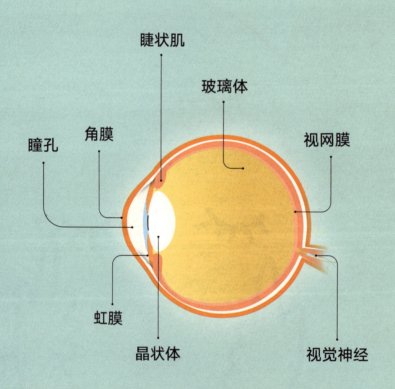

睫状肌

玻璃体

角膜

瞳孔

视网膜

虹膜

晶状体

视觉神经

我们的眼睛就像一部老式照相机，外界物体发射或反射的光线经过眼的屈光系统（角膜、房水、晶状体、玻璃体）屈折后，在视网膜上形成一个倒立的、缩小的实像，视神经将这些信号传递给大脑，大脑进行分析和处理后，才将其还原为我们所看到的物像。

当我们看远处的物体时，眼内睫状肌放松，晶状体处于扁平状态。而看近处的物体时，睫状肌则会收缩，使晶状体变凸，增加屈光力。正是通过这种调节作用，我们的眼睛才能轻松自如地看清远处、近处的物体。

我们的眼睛从早上一睁开就要不停地努力工作，如果眼睛过度疲劳，就会诱发近视的产生，甚至会导致失明。

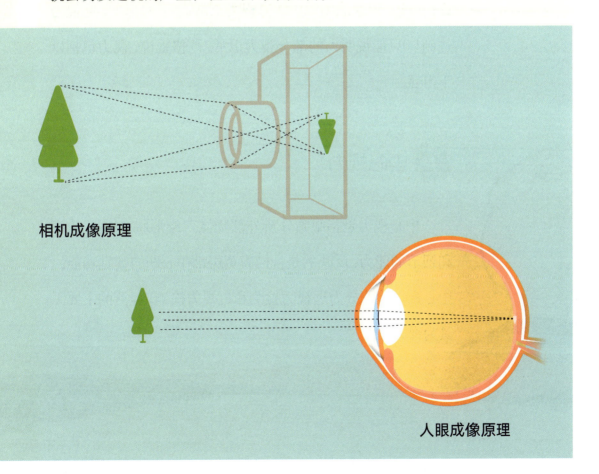

相机成像原理

人眼成像原理

二、
什么是视力？

　　视力是在一定距离内眼睛辨别物体形象的能力。视力是衡量眼机能的重要指标，也是判断眼部健康状态的重要依据。视力的好坏不仅会直接影响我们的学习、生活，还会影响将来的升学、择业与事业发展。很多人认为，只要远视力能达到1.0（5分记录法的5.0）就算视力正常了。但实际上，远视力达到1.0只能说明人的部分视力正常。严格地说，视力包括以下内容。

中心视力

　　中心视力是指眼睛分辨外部物体二维形状、大小、轮廓和细节的能力，反映的是视网膜黄斑部中心凹的视觉功能。中心视力检测分为远视力检测和近视力检测，检测的主要工具为视力表。

② 周边视力

　　周边视力也叫"视野"，指当眼睛注视某一目标时，非注视区所能见到的范围，即人们常说的"眼余光"。一般来说，视力健康的人周边视力范围相当大，两侧达90度，上方为60度，下方为75度。近视、夜盲患者的周边视力比较差，一些眼底病可致周边视力丧失。

③ 立体视力

　　立体视力指视觉器官对周围物体远近、深浅、高低三维空间位置的分辨感知能力，是建立在双眼同时视和融合视功能基础上的高级视功能。丧失了立体视力，在医学上被称为"立体盲"。

　　因此，只有当中心视力、周边视力和立体视力都达到相应标准时，才能算作视力正常。

　　视力健康是指在不患眼疾和没有视疲劳等异常症状的前提下，视觉生理与视觉心理正常以及视觉社会适应良好。按照这个标准，可将人们分为视力健康、视力亚健康、视力不健康三类。视力健康是身体健康的重要指标，是世界卫生组织提出的十条健康标准之一。

三、
什么是视觉？

视觉指物体的影像刺激我们眼睛所产生的感觉。通过视觉，我们的眼睛才能感知外界物体的大小、明暗、颜色、动静、远近关系，辨别出物体的空间方位。视觉包括：形觉（眼睛对物体形状的感受能力）、色觉（眼睛对颜色的感受能力）、光觉（眼睛对光的感受能力）、立体视觉（眼睛对物体三维形态的感受能力）。

人们所感受的外界信息有80%以上来自视觉，因此，判断眼睛机能是否正常，不能只关注视力的好坏，还要关注视觉情况。视觉功能欠缺会使传递到大脑的外界信息扭曲、不完整，阻碍大脑的正常运转，给学习、生活和工作带来障碍。

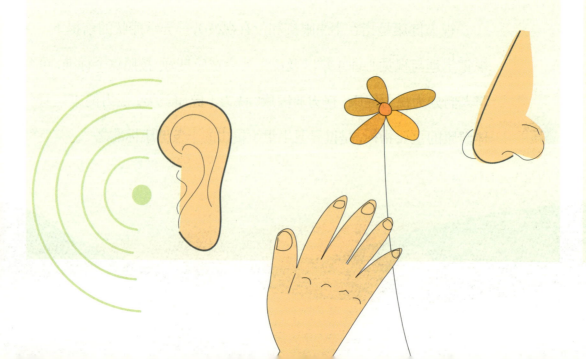

四、
什么是视觉功能?

视觉功能作为一种重要的感觉功能,主要由以下三方面组成:

1

完整的视觉通道,包括健康的眼睛、正常的视力和屈光状态。

2

视觉技巧,包括眼球运动、双眼同时视和融合视功能。

3

信息处理,包括识别、辨别、空间感知以及视觉与其他感觉的整合。

人的视觉功能分为三级:

一级为同时视、

二级为融合视、

三级为立体视。

1 同时视

同时视是指双眼同时注视并感知物像的能力。一个人如果没有同时视的能力，则必有一只眼睛的功能受到抑制，成为废用性弱视，进而成为外斜视。

✿ **趣味自测：**

将自己的左臂伸直，掌心面向自己，右手食指放在左手掌与脸中间的位置。睁开双眼同时看左手掌时，可看到全部左手掌；而闭上一只眼，用单眼看左手掌时，右手食指会遮挡住部分左手掌，而且左、右眼看到右手食指遮挡住左手掌的位置也有所不同。

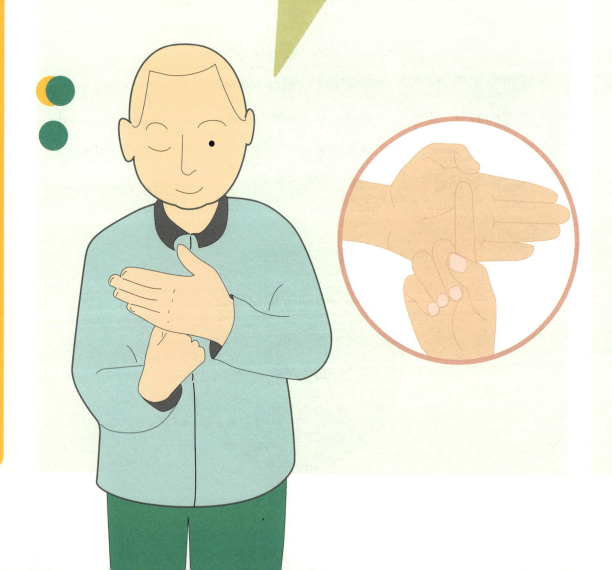

② 融合视

融合视是在双眼同时视的基础上，大脑中枢将落于两眼视网膜上的物像综合成一个完整物像的视觉功能。一个人如果没有融合视的能力，则将出现复视、干扰视，会严重影响生活及工作。

❋ **趣味自测：**

将两手的中指和无名指的指尖相对，放在眼前约 33 厘米处，再通过手指间的缝隙看远处物体。如果融合视功能正常，则会发现在两手中指和无名指的中间多出了两节像香肠一样的指头，且手臂靠近时会变大，手臂远离时则变小。

③ 立体视

立体视又称"深度觉"，是视觉器官对周围物体远近、深浅、高低三维空间位置的分辨感知能力，是双眼视觉完善的重要标志。立体视力欠缺被称为"立体盲"，它是一种比夜盲、色盲更严重的眼科疾病。

❋ **趣味自测：**

将左手食指和中指前后错开作"V"字状，并向前伸直前臂。此时，睁开双眼同时看，可以很容易辨别前后关系；而闭上一只眼，用单眼看时则很难辨清前后关系。

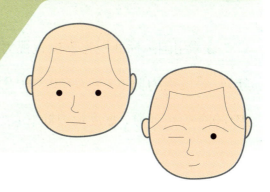

五、
什么是视力低下？

① 视力低下的定义

视力低下又称"视力不良"或"视力低常"，指裸眼远视力达不到正常标准。视力低下以单眼判断，裸眼视力达不到正常标准的眼，统称为"视力低下眼"。

② 视力低下的判断标准

裸眼远视力高于或等于1.0，为正常视力；裸眼远视力低于1.0，则为视力低下。

③ 视力低下的分类

在采用国际标准视力表检查视力时，根据程度将视力低下分为：轻度视力低下（视力在0.7~0.9之间）、中度视力低下（视力在0.4~0.6之间）、重度视力低下（视力≤0.3）。

在采用标准对数视力表检查视力时，根据程度将视力低下分为：轻度视力低下（视力为4.9）、中度视力低下（视力在4.6~4.8之间）、重度视力低下（视力≤4.5）。

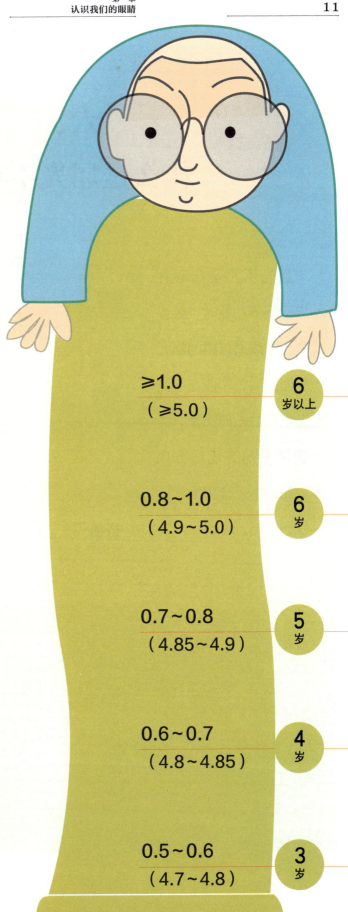

≥1.0
（≥5.0）
6
岁以上

0.8~1.0
（4.9~5.0）
6
岁

0.7~0.8
（4.85~4.9）
5
岁

0.6~0.7
（4.8~4.85）
4
岁

0.5~0.6
（4.7~4.8）
3
岁

六、
什么是屈光不正？

屈光不正是指眼在不启动调节功能时，外界的平行光线通过眼的屈光系统屈折后，不能在视网膜上形成清晰的物像，而在视网膜前方或后方成像。屈光不正分为近视、远视和散光。

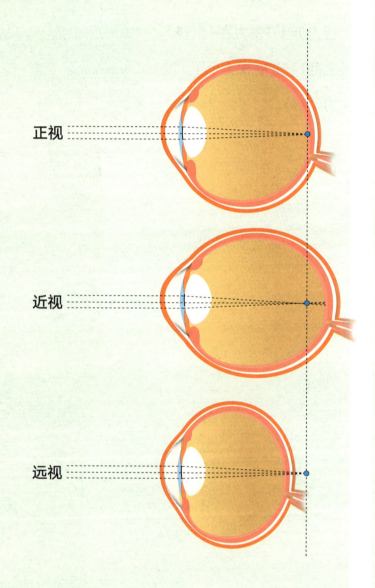

正视

近视

远视

七、
什么是近视？

1 近视的定义

近视是指眼在不启动调节功能时，外界的平行光线经眼的屈光系统屈折后，聚焦于视网膜前，多为眼轴长度超出了正常范围所引起，其症状表现为远视力减退。

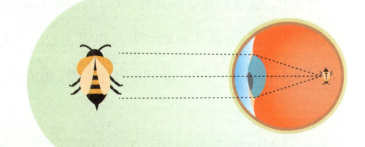

2 近视的分类

常见的近视分类方法有三种。

(1) 根据近视屈光成分分类

⊙ **屈光性近视：**主要由于角膜或晶状体曲率过大或各屈光成分之间组合异常而产生，屈光力超出正常范围，但眼轴长度基本在正常范围。

⊙ **轴性近视：**由于眼轴延长，长度超出正常范围而产生，但角膜和晶状体等眼的其他屈光成分基本在正常范围。

(2) 根据病程进展和病理变化分类

⊙ **单纯性近视：**大部分患者的眼底无病理变化，进展缓慢，用适当的镜片即可将视力矫正至正常水平，其他视功能指标大多正常。

⊙ **病理性近视：**视功能明显受损，远视力矫正多数不理想，近视力亦可能异常，可发生程度不同的眼底病变，如近视弧形斑、豹纹状眼底、黄斑部出血或形成新生血管膜，还可伴有形状不规则的白色萎缩斑，或者有色素沉着，呈圆形黑色斑；视网膜周边部格子样变性、囊样变性；在年轻时出现玻璃体液化、混浊和玻璃体后脱离等。与正常人相比，发生视网膜脱离、撕裂、裂孔，黄斑出血，新生血管和开角型青光眼的危险性要大得多。由于眼球前后径变长，眼球较突出，眼球后极部扩张，形成后巩膜葡萄肿。

(3) 根据近视度数分类

根据散瞳后验光仪测定的等效球镜（SE）度数判断近视度数，将其分为低、中、高三种程度：−3.00D≤SE<−0.50D（即近视 50~300 度）为低度近视；−6.00D≤SE<−3.00D（即近视 300~600 度）为中度近视；SE<−6.00D（即近视 600 度以上）为高度近视。

八、
什么是远视？

　　远视是指眼在不启动调节功能时，外界的平行光线经眼的屈光系统屈折后，聚焦于视网膜后。远视眼多因遗传等因素导致眼球发育短小，眼轴比正视眼短所形成的。远视眼无论看远或看近，都必须启动调节功能，由于长期处于调节紧张状态，所以很容易产生视疲劳症状。远视的严重程度与年龄和屈光度相关，中、高度远视者还会出现相应的眼部改变，严重的可导致弱视、斜视。

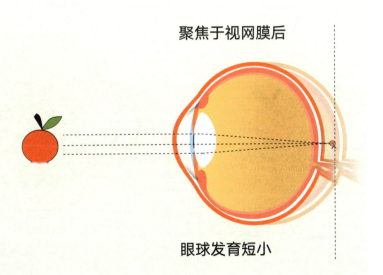

聚焦于视网膜后

眼球发育短小

九、
什么是散光？

散光是指由于眼球在不同方向上对光线的曲折能力不一样，外界的平行光线经眼的屈光系统屈折后，不能聚成一个焦点，也就不能形成清晰的物像。散光特别是远视散光患者，容易发生视力疲劳，表现为眼痛、流泪、头痛（尤以前额部明显）、视物重影，不能持续进行近距离工作。

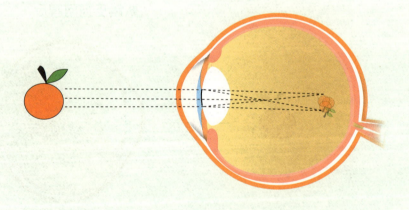

十、
什么是屈光参差与弱视、斜视？

1 屈光参差

屈光参差是指两眼的屈光度数相差较大（一般指两眼屈光度相差≥150度）。屈光参差会损害双眼单视功能，导致单眼弱视及外斜视。

2 弱　视

弱视是指眼部无明显器质性病变，远视力经矫正≤0.8。6岁以下的儿童，在诊断时需注意年龄因素。弱视如未及时治疗，会造成永久性、不可逆的视力下降，以及斜视。弱视的治疗效果与年龄有很大关系，年龄越小治疗效果越好，年龄越大治疗效果越差。

3 斜　视

斜视是指两眼不能同时注视目标，属眼外肌疾病。斜视的危害：一是影响外貌，这会对患者的心理产生一定的消极影响；二是影响双眼视觉功能，患者会失去立体视功能，不能准确判断物体距离，不能胜任对视力要求较高的精细化工作。

十一、
什么是远视储备？

　　远视储备是指儿童青少年的眼睛在发育为正视眼之前，在相应年龄段应具有的远视度，是近视风险评估中的重要预警指标。一般来说，儿童青少年的眼睛在12岁前应处于生理性远视状态，如其当前的远视度数低于所处年龄段的理想屈光阈值，则预示其将来发生近视的可能性极大。

8岁 < +1.00D

10岁 < +0.50D

9岁 < +0.75D

12岁 ≤ -0.25D　　11岁 ≤ +0.25D

3 ~ 12岁儿童青少年
远视储备预警值

年龄　预警值

3岁 < +3.00D

4岁 < +2.50D

6岁 < +1.50D

5岁 < +2.00D

7岁 < +1.25D

第二章

近视的产生

与危害

一、
儿童青少年近视现状

中小学阶段是孩子眼屈光发育的敏感期，绝大部分孩子的近视都是在这个时期发生、发展的。近视不仅会给孩子现阶段的学习与生活带来诸多不利影响，如造成记忆力下降、学习兴趣减退、学习效率低下，还会影响他们将来的升学和择业，而且一旦发展成为高度近视，还可能引起很多严重并发症甚至致盲。

近些年来，由于中小学生课内外负担加重，手机、电脑等电子产品的普遍使用，以及用眼过度、用眼不卫生、缺乏体育锻炼和户外活动等因素，我国儿童青少年近视率居高不下，且不断攀升，近视低龄化、重度化日益严重，已成为一个关系国家和民族未来的大问题。

2015年，国家体育总局公布的《国民体质监测公报》数据显示：各年龄段儿童青少年视力不良检出率居高不下，小学生、初中生、高中生、大学生分别为45.71%、74.36%、83.28%、86.36%，与2005年相比，分别增加了14.04、16.29、7.26、3.68个百分点，并继续呈现低龄化倾向。国防部从2000年至2008年曾3次放宽征兵体检视力标准。2014年征兵体检视力标准已下调至右眼裸眼视力不低于0.4（5分记录法的4.6）、左眼裸眼视力不低于0.3（5分记录法的4.5）。2018年就连最为严苛的战斗机飞行员的体检视力标准也放宽至双眼裸眼视力不低于0.8（5分记录法的4.9）。

2015年，北京大学中国健康发展研究中心发布的《国民视觉健康报告》显示：2012年我国5岁以上人群中，近视人口已达4.5亿左右，近视低龄化发展趋势明显。而患有高度近视的总人口高达3000万。高中生和大学生的近视发病率都超过70%。若没有有效的政策干预，2020年后，我国在航空航天、精密制造、军事等行业领域，符合视力要求的劳动力可能面临巨大缺口，将直接威胁我国经济社会可持续发展以及国家安全，成为影响当代和未来人口素质的"国病"。

2016年，美国《眼科》杂志发文称，2000年全世界约有14.06亿人近视，占世界人口的22.9%，预计到2050年将增至47.58亿，占世界人口的49.8%，其中10～25岁亚洲近视人口增长最快。美国青少年近视率约为25%，英国小学毕业生近视率低于10%，德国青少年近视率在15%以下。日本2012年至2017年小学生近视率由30.7%上升至32.5%，初中生由54.8%上升至56.3%。

2018年，国家卫生健康委员会公布的全国儿童青少年总体近视率为53.6%。其中，6岁儿童为14.5%，小学生为36.0%，初中生为71.6%，高中生为81.0%。而高中三年级学生高度近视人数占近视总人数的21.9%。我国儿童青少年近视率已攀升至世界第一位，且近视低龄化、重度化趋势愈加明显。

　　面对如此严峻的儿童青少年视力健康状况，2018年8月，习近平总书记连续做出重要指示与批示。他指出，我国学生近视呈现高发、低龄化趋势，严重影响孩子们的身心健康，这是一个关系国家和民族未来的大问题，必须高度重视，不能任其发展。习近平指示有关方面，要结合深化教育改革，拿出有效的综合防治方案，并督促各地区、各有关部门抓好落实。他强调，全社会都要行动起来，共同呵护好孩子的眼睛，让他们拥有一个光明的未来。

　　为贯彻落实习近平总书记关于儿童青少年近视问题的重要指示精神，切实加强新时代儿童青少年近视防控工作，2018年8月30日，经国务院同意，教育部等八部门联合印发了《综合防控儿童青少年近视实施方案》（以下简称《实施方案》）。《实施方案》要求各级人民政府逐级签订责任书，将儿童青少年近视防控工作、总体近视率和体质健康状况纳入政府绩效考核。到2023年，力争实现全国儿童青少年总体近视率在2018年的基础上每年降低0.5个百分点以上，近视高发省份每年降低1个百分点以上。到2030年，实现全国儿童青少年新发近视率明显下降，儿童青少年视力健康整体水平显著提升，6岁儿童近视率控制在3%左右，小学生近视率下降到38%以下，初中生近视率下降到60%以下，高中阶段学生近视率下降到70%以下，国家学生体质健康标准达标优秀率达25%以上。

二、
近视的产生

　　近视的发生机制比较复杂，影响因素众多，各种学说和看法也尚不统一。目前比较肯定的是：近视的发生与发展是遗传因素和环境因素共同作用的结果，而遗传因素对于不同类型的近视影响程度又有所不同。

　　按照近视的病程进展和病理变化，可将近视分为病理性近视和单纯性近视（又称"学生近视"）。目前的研究认为，病理性近视的发生受遗传因素影响较大，环境因素为次因素；单纯性近视的发生与发展则主要受环境因素影响，遗传因素为次因素。

1 遗传因素

　　研究显示，近视的发生有明显的家族聚集现象。双亲均为近视者，其子代近视发生率明显高于双亲仅一人为近视者；双亲之一为近视者，其子代近视发生率又远高于双亲均无近

视者。近视程度越高，遗传率也越高。

2 环境因素

环境因素主要包括视觉环境与视觉行为习惯等后天影响因素。

(1) 视觉环境

视觉环境主要指人们生活工作中带有视觉因素的环境。人们学习、生活和工作中的大量活动都需要良好的光线，如果这些活动场所中的光环境不符合人眼的生理需求，就会危害人们的视力健康。但由于技术和经济等原因，我国还有一部分教室的照明水平比较落后，主要问题有：照明设计、布局不合理；平均照度和照度均匀度不达标；灯具简陋、老化、数量不足，发光效率低，存在眩光、频闪和维护不及时等问题。另外，近些年的相关调查显示，不符合卫生标准的课桌椅也会对学生的视力产生负面影响，导致近视的产生。中小学生正处于身体发育的关键时期，如果长期使用不符合卫生标准的课桌椅，极易导致脊柱弯曲异常及视力下降等问题。

（2）视觉行为习惯和生活方式

良好的行为习惯可以促进人的健康，不良的生活习惯和嗜好则会危害人的健康。近视的形成也与不健康的用眼行为习惯和生活方式有着密切的关系。

近距离用眼负荷。近距离用眼负荷包括两大要素：一是看近时的距离，二是持续近距离用眼的时间。视物距离越近，眼的负荷越重；持续看近时间越长，眼的负荷越重。目前，已有大量调查显示，近距离用眼负荷和近视的发生与发展存在剂量梯度效应，是造成近视高发的最主要因素。

视觉行为习惯。研究显示，不良的读写、用眼习惯（握笔姿势不正确、看书及看电视距离过近、课间活动少、连续看书1小时以上等）与学生近视的发生关系密切。这些视觉行为习惯使眼球频繁调节，很少得到休息，从而导致了近视的发生和发展。

生活娱乐方式。近些年，随着科技的发展，互联网技术的广泛应用，以及智能手机、平板电脑等高科技电子产品的普及，我们能明显地感受到现代智能电子产品正在快速改变我们的生活、工作以及娱乐方式。目前，人们普遍缺少户外活动，学生回家后的娱乐放松方式基本上是看看电视、玩玩电脑或手机。但随着时间的推移，人们逐渐意识到：这些高科技电子产品在给人们带来便利和享受的同时，也给人们特别是儿童青少年的视力健康和身心健康带来危害。

个体的行为习惯有很大的可塑性。因此，中学生要培养良好的视觉行为习惯，选择良好的生活娱乐方式，这会受益终身。

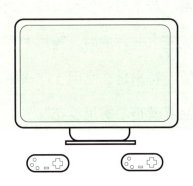

三、
近视的危害

1 学习效率低下

　　未矫正视力的近视者长时间用眼会产生视物模糊、眼睛干涩酸痛、视觉疲劳、精神难以集中、情绪烦躁甚至头晕等问题，从而影响学习效率。

2 运动、生活不便

　　戴着框架眼镜的人在进行游泳、踢球等运动时极为不便。夏天太热，一出汗眼镜就易滑落、戴不稳；冬天太冷，进出温差较大的环境时，镜片上容易起雾，特别是在吃面、吃火锅时，简直就是"雾里看花"。

3 升学专业受限

　　根据《普通高等学校招生体检工作指导意见》所列条款，有45大类280多种专业对报考者的裸眼视力、矫正视力和近视度数都有明确要求。

④ 未来求职受阻

很多高精尖行业对求职者的视力状况都有明确要求。高度近视者不能从事运动量大、涉及重体力劳动和近距离用眼时间长且比较精细的职业，以避免诱发眼后节并发症。

⑤ 影响容貌

中、高度近视会导致眼球突出，眼睑松弛，影响容貌。

爸爸　子女　妈妈　　　爸爸　子女　妈妈

⑥ 遗传后代

父母均为高度近视，子女发生近视的概率接近100%；父母之一为高度近视，子女发生近视的概率约为60%。

⑦ 引起并发症甚至失明

近视中绝大多数为轴性近视，也就是由眼球的前后径长度超过了正常范围所导致。眼轴每增长1毫米，近视就会增加300度。近视度数越高，眼球被拉得越长，就像乒乓球被拉成了鸡蛋的形状一样。一旦发展至高度近视，很多眼内组织的结构就会发生异常改变，引起并发症，严重者可致盲。

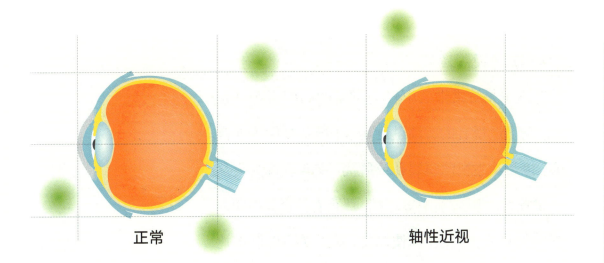

正常　　　　　　　　　　　　轴性近视

(1) 飞蚊症

这是日常生活中较为常见的高度近视并发症，医学上称为"玻璃体混浊"，主要是由玻璃体液化所导致的，表现为看东西时眼前有黑影飘动，就像蚊子在飞舞。

(2) 白内障

这是目前排在第一位的致盲性眼病。高度近视者眼内的营养代谢不正常，引起晶状体营养障碍和代谢失常而逐渐发生混浊，产生白内障，进而导致视力逐渐减退。

(3) 青光眼

这是目前排在第二位的致盲性眼病，表现为眼压高、视力进行性下降和视野缩小。青光眼目前无法根治，只能通过药物、激光、手术等治疗措施来控制病情的发展。

(4) 视网膜脱离

这也是日常生活中较为常见的高度近视并发症。高度近视者的眼轴过度增长，导致视网膜非常薄，极易发生视网膜裂孔或脱离，主要表现为突然视物模糊、变形，有黑影遮挡，严重者甚至会失明。视网膜脱离发生后，即使修复，矫正视力也很难达到正常水平。

(5) 视网膜萎缩变性，黄斑出血、裂孔

主要表现为眼球后极部向后扩张，使视网膜变薄，进而发生萎缩。当视网膜萎缩累及黄斑时，可出现黄斑出血、裂孔，视力严重下降，且有中心固定暗点。

因此，高度近视者一定要注意以下事项。

→ 不宜献血。这是因为献血时，血压会出现轻微波动，对于眼底血管已被拉得很纤细的高度近视者来说，可能会造成眼底血管痉挛，致使已经有变性区视网膜出现裂孔，引起视网膜脱离。

→ 不宜坐过山车。在过山车高速运转的过程中，高度近视者薄弱的视网膜很容易受到前方玻璃体组织的牵拉而出现裂孔，导致视网膜脱离。

→ 不宜蹦极。高度近视者头部向下高速下坠时，容易因脑部充血造成视网膜脱离。

→ 不宜高强度用眼。高度近视者如长时间近距离高负荷用眼，非常容易诱发黄斑病变、视网膜脱离等问题。

→ 不宜从事重体力劳动或进行比较剧烈的运动。这些行为均易诱发视网膜脱离等并发症。

第三章

常见的认知

误区

儿童青少年近视防控工作要想取得成效，首要任务就是引导儿童青少年及其家长树立健康第一的理念，学习科学用眼、护眼知识，走出认知误区。

　　我们在学校所做的科研调查显示，以下四种情况普遍存在，对学生的视力健康损害比较大。

1 第一种情况
该配镜的未配镜，比例为40%左右。

　　有些学生近视后，家长仍坚持不给配眼镜，认为一旦戴了眼镜就离不开了，并且会让近视加重。然而，近些年的大数据调查研究结果与之恰恰相反。近视者不管戴不戴眼镜，其近视程度在不进行科学有效干预的情况下都会随着年龄增长而不断加深。这主要是因为儿童青少年正处于生长发育阶段，他们的眼球也在发育，因而其近视程度也会随着眼轴长度的异常增长而加深。这也是矫正视力的激光手术一般要18岁以后再做的原因。研究还表明，戴近视度数比正常需求偏低的眼镜，近视会发展更快。所以，儿童青少年近视后，要配戴合适的眼镜，这不仅能让他们看得清楚，还能有效延缓近视程度加深。

② 第二种情况
不该配镜的配了镜，约占20%。

远视力下降，只是一种现象，有可能是眼肌过度疲劳引起的假性近视。如果没有做假性近视排查就随便配了近视眼镜，可能会"弄假成真"。

③ 第三种情况
戴"过期眼镜"的学生大有人在。

很多学生配了眼镜后不复查，一两年后近视度数已经增加了，戴上眼镜矫正视力已达不到功能视力0.6（5分记录法的4.8）了；还有的学生镜架变形了也不管，镜片磨损了也不更换。这些问题是会带来隐蔽性视觉伤害的。

④ 第四种情况

认为近视了不要紧，不想戴眼镜，长大后做个激光手术"一刀了之""一劳永逸"。

实际上，迄今为止，世界上还没有任何安全、有效的医疗措施可以治愈真性近视。角膜激光手术是利用电脑精确控制激光束对角膜进行切削，在近视者的角膜里制作一个合适的凹透镜，达到矫正视力的目的。另外，这种手术并不能解决近视者眼后节的相关病理性改变，也降低不了相关并发症的发生风险，其安全性和术后远期效果仍需进一步观察。因此，近视矫正手术仅仅是改善了近视者的裸眼视力，而不是从根本上治愈了近视。

第四章

学生近视的
预防与控制

儿童青少年近视的发生、发展是多种因素引起的，目前还没有任何医疗手段可以治愈。近视防控涉及多学科、多方面，要以预防为主，实施全过程视力健康管理，在改善视觉环境、纠正不良视觉行为的同时，进行眼生理功能锻炼，提高孩子自我抵御近视的生理潜能，做好近距离用眼的光学保护，这样才能预防和控制近视的发生与发展。

一、
眼屈光发育状况监测

　　人的眼屈光发育是有一定规律的。正常情况下，新生儿的眼轴较短，只有17~18毫米，为远视屈光状态。随着眼球的发育，眼轴迅速增长，眼屈光呈现"消耗性负增长"，眼的屈光状态逐步由远视向正视转变，该过程被称为"正视化"。

　　儿童青少年正处于眼屈光发育敏感期，眼屈光发育走势如何，决定了其将来的眼屈光状态。儿童青少年时期眼屈光变化较快，其变化规律是远视→正视→近视，是不可逆的。比较理想的情况是孩子到12岁后才由远视眼发育成正视眼。但是由于现在的孩子近距离用眼过早、强度过大，再加上不良的视觉环境与行为的影响，很多孩子眼睛过早发育成了正视眼，虽然此时远视力尚有1.0，但今后的眼屈光发育却要向近视发展了。

然而，目前很多人仍认为近视是在某天突然出现的。殊不知，儿童青少年在近视发生初期由于症状并不明显，往往不知不觉，虽然此时远视力尚处于正常范围，但眼生物结构已出现不良发育，开始悄悄向着近视发展了。而近视发生年龄和年递增度决定了孩子高中毕业后的近视度数，即完成中等教育后的近视度数= (18－近视发生年龄) ×近视年递增度 (在未进行主动干预的情况下，学生近视的年递增度一般为0.50D~0.75D)。

因此，建议处于眼屈光发育敏感期 (3~18岁) 的儿童青少年，每年定期进行眼屈光发育生物学检查，可在不通过药物散瞳、不影响日常学习的情况下，快速采集眼屈光发育的相关数据，将这些数据与所处年龄段正常发育平均阈值进行比对分析，就可以了解现阶段的眼屈光发育状况，看其是否偏离了正常走势。通过眼屈光发育生物学检查，可及早发现近视倾向，科学地实施综合干预。

对于已成为低度近视者，要注意控制近视发展的年递增度。在改善视觉环境、纠正不良视觉行为、增加户外活动、开展眼生理功能训练的同时，接受合适的光学干预，将近视年递增度控制在0.30D内。

对于已成为高度近视者，要注意防控近视并发症。平时应避免高强度用眼、重体力劳动和剧烈运动，每年定期进行一次非屈光不正性眼病排查，防止并发症造成不可逆的视力损伤。

二、
视觉环境与视觉行为管理

要在改善视觉环境的同时，最大限度地减少儿童青少年高强度近距离用眼，提高其爱眼、护眼意识。

1 视觉环境管理

(1) 改善学习环境的采光照明

书桌应放在室内采光最好的位置，白天学习时最好充分利用自然光线，但要注意避免光线直射在桌面上。晚上学习时除开启台灯照明外，还应使用适当的背景辅助光源，以减小室内明暗差，使桌面局部光线与周围环境保持和谐。

在选择护眼台灯时要注意以下几点：无频闪、无眩光，光线柔和自然、可调节，色温不超过4000K，照度达到AA级，蓝光危害级别为RG0级，显色指数大于90，相关专利证书、质检报告、质保卡以及3C认证等信息齐全。

对视觉环境的采光照明可利用手机进行简易判断：将手机的照相功能开启后对准书写台灯的光源，如手机屏幕显示有明显的水波纹样条纹，则说明光源频闪严重，容易引起视疲劳。再从手机应用市场下载一个测试光照度的应用程序（如家用测光表），安装好后打开此应用，放置在书桌上的不同位置测量光照度。良好的采光照明要求：书本周边照度均匀，且照度值不低于300勒克斯。

(2) 注意室内通风换气

若长时间门窗紧闭，埋头学习，室内积聚大量二氧化碳，会使人感到头昏、头痛，增加视疲劳的症状。

(3) 配置合适的学习用桌椅

配置可调节高度的桌椅，根据孩子的身高调整桌椅高度，避免孩子养成不良的阅读、书写习惯。否则，不但会影响视力，还会导致弯腰驼背。

简易判断方法:

　　合适的桌椅高度应该使人在坐着时保持两个基本垂直：一是当两脚平放在地面时，大腿与小腿能够基本垂直；二是当背挺直、手放在桌面上时，上臂与小臂基本垂直。

　　学习用桌椅的高度可参照《学校课桌椅功能尺寸及技术要求》（GB/T 3976—2014）中的标准。

学生身高范围（厘米）

错误坐姿

正确坐姿

≥**180**

173～187

165～179

158～172

150～164

143～157

135～149

128～142

120～134

113～127

≤**119**

桌面高（毫米）

座面高（毫米）

790

460

760

440

730

420

700

400

670

380

640

360

610

340

580

320

550

300

520

290

490

270

2 视觉行为管理

（1）保持正确的读写姿势

要做到"三个一"：

→ 握笔的手指指尖离笔尖1寸（约3厘米）；

→ 眼离书本1尺（33~35厘米）；

→ 胸离桌边1拳（8~10厘米）。

要注意"三不要"：

→ 不要歪头或躺着看书；

→ 不要在运动状态下（走路时、吃饭时、晃动的车厢内）看书

或使用电子产品；

→ 不要在光线不适宜的环境中看书。

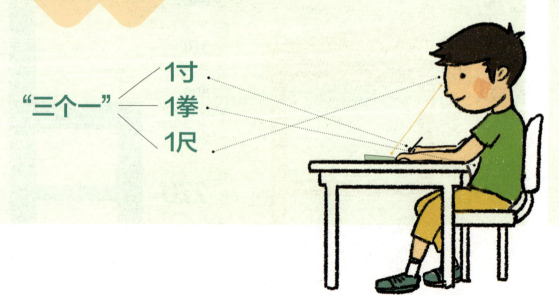

"三个一"　　1寸
　　　　　　1拳
　　　　　　1尺

(2) 培养良好的用眼卫生习惯

连续近距离用眼（包括读书、写字、看电视和操作电脑等）40～50分钟，必须让眼睛休息5～10分钟，要到室外运动或向远处眺望。不以学习为目的使用电子产品，单次不宜超过20分钟，每天累计不宜超过1小时。年龄越小，连续使用电子产品的时间应越短。

选择电子产品学习时，要坚持"宁大勿小"的原则，优先选择顺序依次为投影仪、电视、台式电脑、笔记本电脑、平板电脑、手机。要遵循"20—20—20"口诀，即看屏幕20分钟以后，要抬头远眺20英尺（也就是6米）外20秒以上。

分钟
40～50

(3) 坚持做眼保健操

每天上、下午各做一次眼保健操，做眼保健操时应注意双手干净，做到穴位准确、手法正确、力度适当。

(4) 保证睡眠充足

初中阶段青少年每天应保证9小时睡眠，高中阶段青少年每天应保证8小时睡眠。充足的睡眠既可保证青少年精力充沛，也能消除视疲劳。

(5) 定期进行视力健康监测

坚持定期进行视力健康状况监测，全面了解眼屈光发育状况。若发现视力出现问题，要及时进行科学检测，做到早发现、早干预。

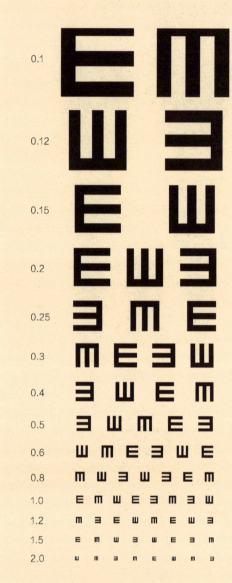

三、
膳食营养与运动管理

1 不挑食、偏食，营养均衡

平时要少吃甜食和油炸食品，主副食搭配，粗细粮结合。注意补充富含蛋白质的食物，如鱼、蛋、奶、瘦肉等；多吃蔬菜、瓜果，常吃富含维生素A的食物，如胡萝卜、菠菜、动物肝脏、杏、枇杷等。体内铬、锌、钙等微量元素缺乏，也是导致近视的因素之一，要注意补充含微量元素多的食物，如豆类、乳类、花生、大枣、蛋类等。

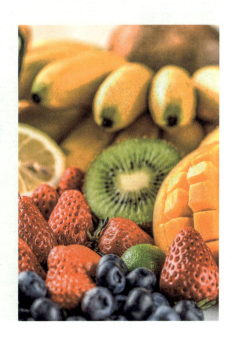

② 坚持每天进行户外运动

　　儿童青少年平时要多到户外活动，尤其要增加在阳光下活动的机会，多观察树木花草，多亲近大自然。课间要到室外活动或远眺，防止持续疲劳用眼。课余时可多参加乒乓球、羽毛球、篮球等运动，既可锻炼身体，又能锻炼眼肌，有益于视力健康。

四、
眼生理功能管理

为什么在基本相同的生活环境、生活方式和用眼条件下,有些学生近视了,有些却没有近视? 为什么有些近视发生早、近视程度加深快,有些却发生晚、近视程度加深慢? 还有一些人虽然也经常高强度近距离用眼,为什么却一直没有近视? 这是因为不同个体的眼肌力量有所区别,眼肌力量强的则不容易产生眼疲劳,抵御近视的能力也相对较强。

当今社会,学生的学习压力大、任务重,再加上普遍使用电子产品(如电视、电脑、智能手机、平板电脑),近距离用眼较多。如果眼睛无法通过自身眼肌调节来适应高强度近距离用眼,就会导致眼的生物结构发生改变,诱发近视。

研究表明,眼肌调节的灵活度和耐力不足是近视产生和发展的重要生理因素。在已发生近视的儿童青少年中,眼肌调节异常的检出率为90%以上。儿童青少年正处于生长发育期,眼肌的灵活性、舒张力、耐力的可塑性很大。通过眼生理功能检测可对孩子的眼动参数进行量化评估,了解其眼肌力量强弱,为采取科学的、有针对性的干预措施,防控近视的发生与发展提供依据。

　　欧洲的专业研究资料显示：通过两年半的跟踪观察，在同样外部环境、同样年龄组的1000例青少年大样本中，做专业化眼肌训练的实验组与不做专业化眼肌训练的对照组相比较，对照组的近视发生率比实验组高了近17倍。这说明：主动对眼部肌肉进行专业化训练，可改善眼肌的调节能力，调动眼动生理潜能，来抵御眼轴异常增长，是一种非常有效的防控近视发生与发展的方法。

五、
光学干预

　　光学干预主要是运用光学手段进行近距离用眼光学保护，减小近距离用眼时眼生理负荷，避免长时间近距离持续用眼给眼睛带来的伤害。通过科学配镜可达到最佳的光学保护和矫正效果，避免因错误使用光学产品带来视力伤害。

　　功能性眼镜与普通眼镜是有所区别的。普通眼镜是单光镜片，只能起到矫正视力的作用；而功能性眼镜的镜片是特殊设计的，具有控制近视发展速度的作用。因此，儿童青少年在配眼镜时应优先选择功能性光学矫治镜，在不影响上课学习的情况下，达到矫治的目的，真正做到"学治同步"。

　　需要注意的是，以上光学干预方法有适应证和非适应证，并不是人人适用的，一定要在科学、规范的精细化分类分型检测后，结合自身的具体情况来确定合适的干预方式。

第五章

爱眼小贴士

一、
如何正确握笔

我们首先要清楚拿笔的四个着力点：第一点在拇指指尖；第二点在食指指根骨节凸起处；第三点在食指指尖；第四点在中指第一关节。

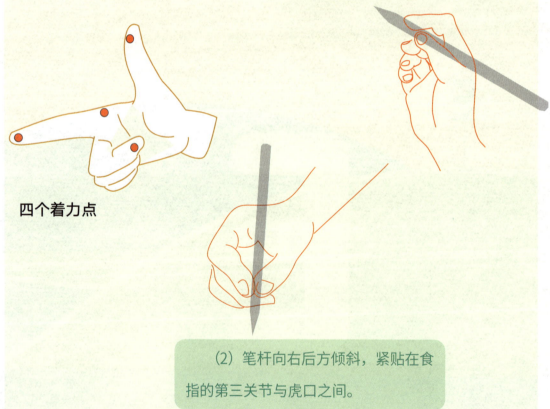

（1）右手拇指在笔杆的左侧，比食指稍靠后些，食指在前偏右，这两指紧紧夹住笔杆。中指的第一个关节托住笔杆，无名指和小指在中指后自然弯向掌心。

四个着力点

（2）笔杆向右后方倾斜，紧贴在食指的第三关节与虎口之间。

（3）食指与大拇指捏笔时，中间呈椭圆形。

（4）捏笔手指与笔尖的距离约3厘米，眼睛需能看到笔尖。

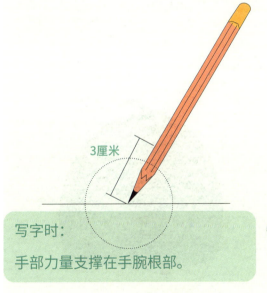

3厘米

写字时：

手部力量支撑在手腕根部。

二、
如何做好眼保健操

　　做眼保健操时，应全程闭目，保持平静轻松的心态，将注意力完全集中在手法和穴位上，认真操练。另外，必须认准穴位、掌握手法、动作准确、力度适中、速度均匀、幅度适当，以按揉的穴位感到酸胀为宜。为了保证效果，做操时不要用指尖按揉，而应用手指螺纹面（指肚）加以按揉。平时要勤剪指甲，做操时要保持手部清洁。

　　如何正确找准穴位，可见右图。

　　开始做操时，应轻闭双眼，身体坐正，双腿自然放松，双手自然搭在腿上，肩部放松，面部肌肉放松，深呼吸。

● **风池穴**

位于枕骨下方与耳垂齐平凹陷处。

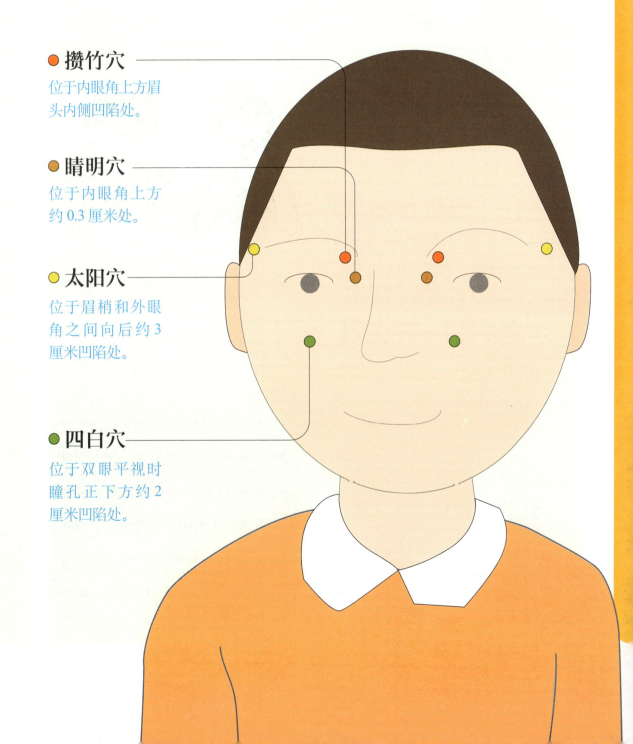

攒竹穴
位于内眼角上方眉头内侧凹陷处。

睛明穴
位于内眼角上方约0.3厘米处。

太阳穴
位于眉梢和外眼角之间向后约3厘米凹陷处。

四白穴
位于双眼平视时瞳孔正下方约2厘米凹陷处。

第一节

按揉攒竹穴

攒竹穴位于内眼角上方眉头内侧凹陷处。

双手大拇指螺纹面分别按在两侧穴位上，其余手指自然放松，指尖抵在前额上。听到口令后，双手大拇指螺纹面随着音乐节拍有节奏地按揉穴位，每拍按揉一圈，按揉的力度既不要太重也不要太轻，以穴位处有轻微酸胀感为宜，做四个八拍。

第二节

按压睛明穴

睛明穴位于内眼角上方约 0.3 厘米处。

双手食指螺纹面分别按在两侧穴位上，其余四指自然放松、握起，呈空心拳状。听到口令后，双手食指螺纹面随着音乐节拍有节奏地向上按和向下压穴位，每拍按压一次，按压的力度同样不要太重也不要太轻，做四个八拍。

扫码观看
眼保健操视频

第三节

按揉四白穴

四白穴位于双眼平视时瞳孔正下方约 2 厘米凹陷处。

双手的食指和中指并拢，轻按在鼻梁两侧，大拇指抵在下颌凹陷处，随后放下中指，食指指尖所在的位置就是四白穴。听到口令后，双手食指螺纹面随着音乐节拍有节奏地按揉穴位，每拍按揉一圈，注意动作幅度不要太大，控制好力度，做四个八拍。

第四节

按揉太阳穴刮上眼眶

太阳穴位于眉梢和外眼角之间向后约 3 厘米凹陷处。

双手大拇指螺纹面轻按在两侧太阳穴上，其余手指自然放松，弯曲。听到口令后，双手大拇指螺纹面有节奏地按揉太阳穴，每拍按揉一圈，按揉四圈，然后大拇指保持在太阳穴的位置上不动，双手食指的第二关节内侧稍加用力，从眉头刮至眉梢，两个节拍刮一次，连刮两次。如此交替，做四个八拍。

第五节
按揉风池穴

风池穴位于枕骨下方与耳垂齐平凹陷处。

双手食指和中指并拢，螺纹面按在风池穴上，其余三指自然放松。听到口令后，双手食指和中指螺纹面有节奏地按揉穴位，每拍按揉一次，并注意按揉的力度。做这节操时，为了保证按揉的舒适度，头部可稍微前倾，做四个八拍。

第六节
揉捏耳垂脚趾抓地

双手大拇指和食指的螺纹面捏住耳垂正中的眼穴，其余三指自然并拢，弯曲。听到口令后，大拇指和食指螺纹面有节奏地揉捏穴位，每拍揉捏一圈，同时双脚全部脚趾跟随节拍做抓地运动，每揉捏一圈脚趾抓地运动一次。

眼保健操一般可在上午和下午各做一次，长时间近距离用眼时应当经常操练，需要每天坚持，持之以恒。

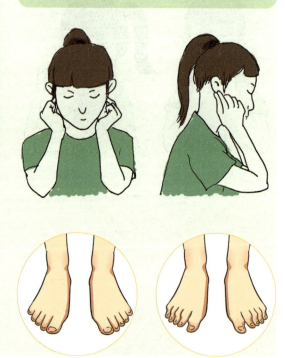

三、
上网课时如何保护眼睛、预防近视

中学生线上学习时间每天累计不超过4小时，每次不超过30分钟。其他用途的视屏时间每天累计不超过1小时。视屏学习过程中，可有意识地稍用力闭眼、睁眼，上下左右转动眼球，放松眼睛。连续视屏学习时间超过30分钟，要活动性休息至少10分钟。可伸展腰臂，在室内走动，做体操、下蹲运动、仰卧起坐等，也可清洁双手后做眼保健操。在学习之余，不方便进行户外活动时，可立于窗前、阳台或门前，向远处（6米以上）眺望，"目浴阳光"，让眼睛接触自然光线。

使用电子产品学习时，应尽可能选择分辨率高、清晰度合适的大屏幕电子产品，优先次序为投影仪、电视、台式电脑、笔记本电脑、平板电脑、手机。在使用电子产品时，应调节亮度至眼睛感觉舒适，不要过亮或过暗。电子产品的摆放应避免阳光和灯光的直射，屏幕侧对窗户，防止屏幕反光刺激眼睛，另外，应保证屏幕上端与眼水平视线平齐。使用投影仪时，观看距离应在3米以上；使用电视时，观看距离应在屏幕对角线长度的4倍以上；使用电脑时，观看距离应在50厘米（约一臂长）以上。

附　录

6 ～ 18 岁视力保护指南

年龄	视觉发育特点	视保要点
6 ～ 12 岁	此时，眼球的发育已接近成人，眼的屈光发育已进入正视化阶段，是单纯性近视的高发期。眼睛特别容易受视觉环境与行为等因素的影响而产生近视。	绝大多数近视都是在这一时期发生的，因此，家长一定要重视孩子的视力健康，实施动态管理，预防和控制近视的发生与发展。家长要坚持每半年带孩子去专业防控机构进行一次视力健康状况监测与评估，并认真落实有针对性的干预措施。 日常注意让孩子多接受健康教育，管控孩子近距离用眼的时间，保证孩子每天有 2 小时户外活动时间，多陪孩子参加乒乓球、羽毛球等小球类运动或进行家庭视觉训练，改善孩子眼部肌肉的调节灵活度与耐力，调动眼生理潜能，增强孩子自身抵御近视的能力。

续表

年龄	视觉发育特点	视保要点
12~18岁	一般来说，18岁左右眼屈光发育相对停止下来。此时若眼轴发育正常，则为正视眼。如果眼轴发育迟缓，眼轴的长度低于正常值，则形成远视眼。如果眼轴发育过度，则形成近视眼。 这一阶段，随着学习负担的日渐加重，孩子近距离用眼的负荷越来越大，极易导致视疲劳，近视产生后的发展速度也会更快。	对于以上所有视力保护措施，在这一阶段应该坚持落实并加强。在为孩子选择光学干预措施时，建议在进行近视分类分型检测后，优选可控制近视发展的功能性光学干预措施，并坚持定期复查，及时发现问题，科学调整干预方案。